EMF2-0050
合唱楽譜<J-POP>

J-POP
CHORUS PIECE

合唱で歌いたい！ J-POPコーラスピース

同声2部合唱

ゆうき

作詞：中川李枝子　作曲：村松崇継　合唱編曲：田中和音

•●● 演奏のポイント ●●•

♪言葉の意味をよく感じ、語感を大切にしながら歌いましょう。

♪メロディーのなかで音の跳躍がよく出てきます。音と音のつなぎ目が切れないようによく練習しましょう。

♪パート同士がかけ合う場面、ハモる場面、それぞれの場面で自分の役割を理解しながら練習しましょう。全体の音楽構成を把握することが表情豊かな演奏に繋がります。

♪[E]の入りは音程をとるのが難しい部分です。ピアノ伴奏の和音をよく聞いて転調をよく感じて歌いましょう。

【この楽譜は、旧商品『ゆうき〔同声2部合唱〕』（品番：EME-C1005）とアレンジ内容に変更はありません。】

ELEVATO
MUSIC ENTERTAINMENT

ゆうき

作詞:中川李枝子　作曲:村松崇継　合唱編曲:田中和音

9
ゆ う き を も ー ーっ て う ま れ ーて く る
ゆ う き を も ー ーっ て う ま れ ーて く る
Cm E♭/B♭ A♭ B♭/A♭ E♭/G Fm7 F7/A B♭7sus4 B♭7
13
B
つ つー ま れー た よろこびと
き ぼ う の ひ か り ーに よろこびと
E♭ E♭/G A♭M7 B♭sus4 B♭ E♭ E♭/G A♭ B♭ A♭ B♭
18
たのしみと げんき あ ふ れ る ゆ ーう き
たのしみと げんき あ ふ れ る ゆ ーう き
G7/B Cm Fm7 F7/A Fm7/B♭ B♭7sus4 B♭7 Bdim7

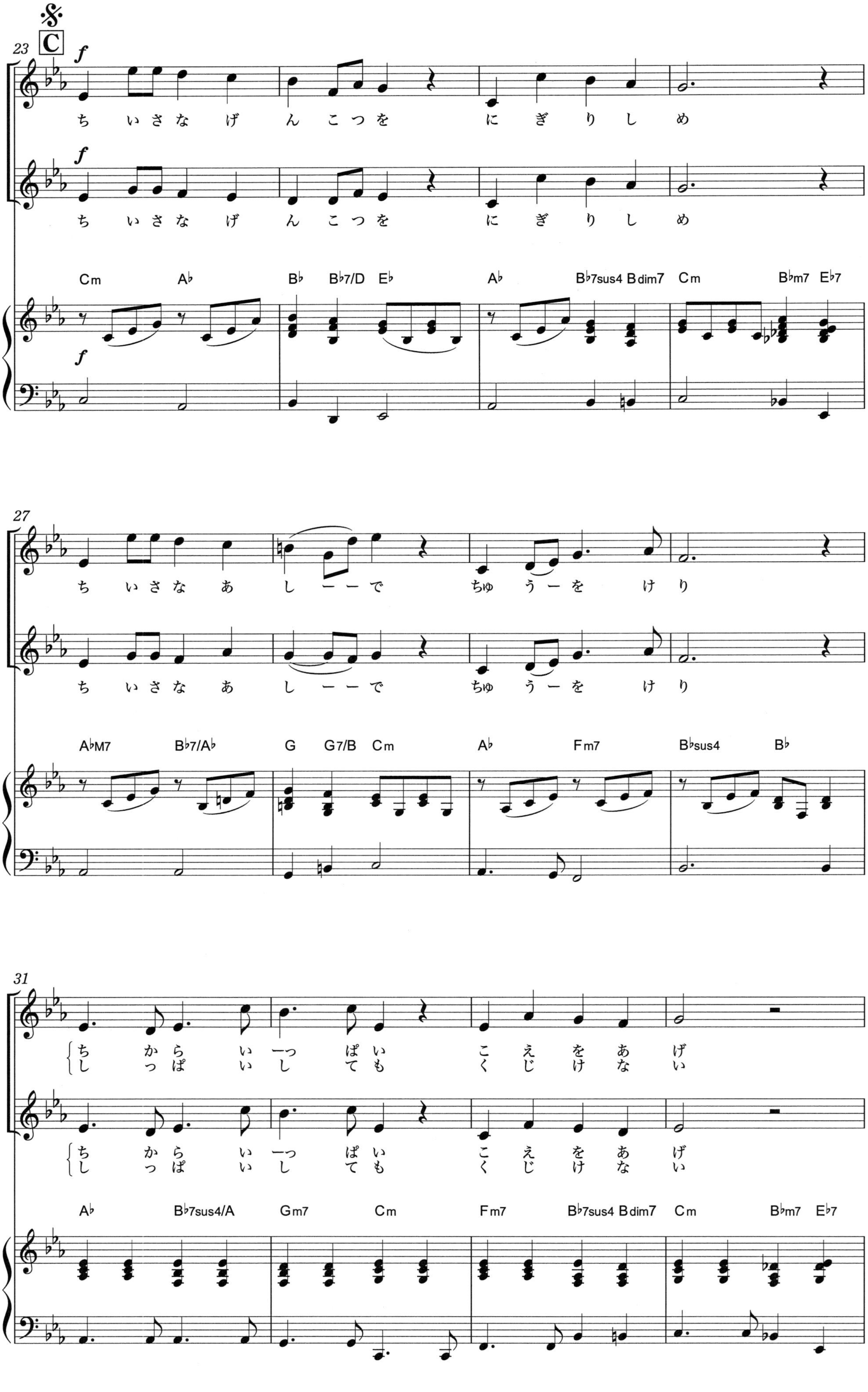

23
C
f
ち い さ な げ ん こ つ を に ぎ り し め
ち い さ な げ ん こ つ を に ぎ り し め
Cm A♭ B♭ B♭7/D E♭ A♭ B♭7sus4 Bdim7 Cm B♭m7 E♭7
27
ち い さ な あ し ー ー で ちゅ う ー を け り
ち い さ な あ し ー ー で ちゅ う ー を け り
A♭M7 B♭7/A♭ G G7/B Cm A♭ Fm7 B♭sus4 B♭
31
ち か ら い ーっ ぱ い こ え を あ げ
し っ ぱ い し て も く じ け な い
ち か ら い ーっ ぱ い こ え を あ げ
し っ ぱ い し て も く じ け な い
A♭ B♭7sus4/A Gm7 Cm Fm7 B♭7sus4 Bdim7 Cm B♭m7 E♭7

35
to Φ
ゆ う き と いっ しょ ー に お お き く そ だ つ
ゆ う き は に げ な い
ゆ う き と いっ しょ ー に お お き く そ だ つ
ゆ う き は に げ な い
A♭ B♭7sus4/A Gm7 Cm Fm7 B♭7sus4 B♭7 E♭sus4 E♭
39 D
A♭ B♭7/A♭ Gm7 Cm Fm7 B♭7 Cm A♭ B♭7/A♭ Gm7 Cm7 Fm7 B♭7sus4 B♭7
p
43 E
f
ひ と ー り ひ と ー り じ ぶ ん の あ し ー で
f
ひ と ー り ひ と ー り じ ぶ ん の あ し ー で
C♭ D♭7/C♭ B♭m7 E♭m7 A♭m7 D♭7 G♭M7 D♭m7/G♭ G♭7
f

47
じぶんのことばで は なーし うたーう
たつあるく は なーし うたーう
C♭ D♭7/C♭ B♭m7 E♭m7 A♭m B♭7sus4 B♭7 Bdim7
D.S.
Coda
F
pp
かくれない ゆうきを もっているから
かくれない
Fm7 B♭7sus4 B♭7 E♭sus4 E♭ Dm7(♭5) G7 Cm7 E♭/B♭
55
p
じゆう こころはそらいっぱいに
pp
じゆう そらいっぱいに
Fm7 B♭7 E♭ Fm7 B♭7sus4 B♭7 Gm7 Cm

G
59
f
ひ ろ が っ て
う み よ り ふ か く
か ん が え
Fm7 B♭7sus4 B♭7 Bdim7 Cm A♭ Gm7 Cm Fm7 B♭7sus4 Bdim7
64
る
う み よ り ふ か く
か ん が え る
Ah
Cm B♭m7 E♭7 A♭M7 B♭7/A♭ Gm7 Cm Fm7 B♭7sus4 B♭7 E♭sus4 E♭
69
p
rit.
か ん が え る
Fm7 B♭7sus4 B♭7 C♭ D♭ E♭sus4 E♭

ゆうき

作詞:中川李枝子

こどもは　ひとり　ひとり
こころに　ひとつぶ
ゆうきをもって　うまれてくる
きぼうのひかりに　つつまれた
よろこびと　たのしみと
げんき　あふれる　ゆうき

ちいさな　げんこつを　にぎりしめ
ちいさな　あしで　ちゅうをけり
ちからいっぱい　こえをあげ
ゆうきと　いっしょに
おおきくそだつ

ひとり　ひとり
じぶんの　あしで
たつ　あるく
じぶんの　ことばで
はなし　うたう

ちいさな　げんこつを　にぎりしめ
ちいさな　あしで　ちゅうをけり
しっぱいしても　くじけない
ゆうきは　にげない　かくれない

ゆうきを　もっているから　じゆう
こころは
そらいっぱいに　ひろがって
うみより　ふかく
かんがえる

ELEVATO
MUSIC ENTERTAINMENT

エレヴァートミュージックエンターテイメントはウィンズスコアが
展開する「合唱楽譜・器楽系楽譜」を中心とした専門レーベルです。

ご注文について

エレヴァートミュージックエンターテイメントの商品は全国の楽器店、ならびに書店にてお求めになれますが、店頭でのご購入が困難な場合、当社WEBサイト・電話からのご注文で、直接ご購入が可能です。

◎当社WEBサイトでのご注文方法

elevato-music.com

上記のURLへアクセスし、オンラインショップにてご注文ください。

◎お電話でのご注文方法

TEL.0120-713-771

営業時間内に電話いただければ、電話にてご注文を承ります。